KB200931

선교의 6가지 실천 방법

6 Practices of Mission

## 6 Practices of Mission

OMF International US
www.us.omf.org

# 선교의 6가지 실천 방법

재판 1쇄 2013년 3월 20일

지은이 I OMF International US
옮긴이 I 로뎀북스
발행인 I 최태희
일러스트 I 권승린

발행처 I 로뎀북스
등록 I 2012년 6월 13일 (제331-2012-000007호)
주소 I 부산광역시 남구 황령대로 319번가길 190-6, 101-2102
전화/팩스 I 051-467-8983
이메일 I rodembooks@naver.com

ISBN I 978-89-98012-00-7

# 선교의 6가지 실천방법

로뎀북스 omf

# 책의 순서

# 왜
## 선교가 중요한가?

대 위임 명령은 생각해 보고 선택할 문제가 아니고
순종해야 하는 명령이다.

J. 허드슨 테일러, CIM 창시자


나는 실패를 두려워하지 않는다.
내가 두려워하는 것은 중요하지 않은 일에 성공하는 것이다.

작자 미상

**선교** 지도자들은 어떻게든지 성도들을 선교라는 사역에 뛰어들게 하기 위해 열정적으로 애를 쓴다.

그런데 정말로 그리스도인이라면 누구나 반드시 선교를 해야 하는가? 그 일이 그렇게 중요한가? 하나님께서 우리를 부르셔서 하게 하시는 일은 선교 외에도 많이 있지 않은가?

먼 나라 구석까지 가서 알지도 못하는 사람들에게 예수님을 전하는 것이 왜 그렇게도 중요한가? 여기 본국에서 당장 해야할 일도 많은데…

모두 맞는 말이다. 선교가 창조의 최종 목적은 아니다. 존 파이퍼가 「열방이여 즐거워하라」의 서문에서 말한 대로 선교는 교회의 궁극적 목표가 아니다. 교회의 목표는 '예배'다. '내가 왜 여기 존재하는가' 또는 '인생의 의미가 무엇인가'와 같은 영원한 질문에 대한 대답은 선교가 아니다. 그러한 질문에는 간단히 '하나님을 영화롭게 하기 위해서'나 그와 비슷하게 대답할 수 있다.

사람들이 따라야 할 가장 큰 계명이 무엇이냐는 질문을 받고 예수님은 "마음을 다하고 목숨을 다하고 힘을 다하여 주 네 하나님을 사랑하라(마22:37)."고 대답해 주셨다. 그리고 그분은 덧붙여서 "네 이웃을 네 몸과 같이 사랑하라(마22:38)."고 하셨다. "하나님을 사랑하고 사람을 사랑하라!"는 명령은 간단해 보인다. 그런데 그것이 선교와 무슨 관계가 있는가?

모든 면에 관계가 있다. 만일 우리가 하나님을 영화롭게 하기 위해 존재한다면 중요한 것은 그분이 창조하신 사람을 사랑하는 것인데, 그러기 위해서는 그들을 지으신 분을 소개해야한다. 사람은 살아계신 하나님을 알 수 있도록 지어졌다. 선교에 참여하는 것은 세상 사람들의 생사가 걸린 사랑의 실천이다.

그리스도인은 '선교하라'는 명령을 받았다. 예수님은 "너희는 가서 모든 민족을 제자로 삼아라(마28:19-20)."라는 '대 위임 명령'을 내리셨다. 하나님을 사랑하면 그분의 부르심에 응답할 뿐 아니라 그분의 명령에 복종하게 된다.

선교 명령을 따라 산다는 것은 모든 족속과 방언과 나라를 그분 앞에 모아 예배하게 하시려는 하나님과 함께 하는 것이다. 창세기 11장에서 바벨탑 사건과 여러 나라의 이름이 나오고 나서 하나님은 아브라함(당시는 아브람)을 불러서 말씀하신다. "내가 너로 큰 민족을 이루고 너를 복의 근원이 되게 할지라… 그래서 땅의 모든 족속이 너를 인하여 복을 얻으리라(창12:2-3)."

하나님은 그러한 목적을 가지고 처음에는 이스라엘을 통해서 그리고 현재는 그리스도의 몸을 통해서 구속의 행동을 시작하셨다. 구약은 여러 민족들을 사랑하시는 하나님의 은혜의 이야기들로 가득 차 있다. 우리는 모세의 미디안 장인 이드로(출18장), 시바의 여왕(왕상10:6-9), 바벨론 왕 느부갓네살(단 4:37), 그리고 메데바사왕 다리오(단 6:26-27) 등이 모두 유일하신 참 하나님을 찬양하는 것을 볼 수 있다. 시편도 하나님의 구속 계획으로 가득하다. "그 영광을 열방 중에, 그 기이한 행적을 만민 중에 선포할지어다(시 96:3)."

이 구속 사역의 절정은 예수 그리스도께서 하나님으로서 사람이 되어 오신 것이다. 그분은 '자기 목숨을 많은 사람의 대속물로 주기 위해서(막10:45)' 오셨고 '모든 사람을 자기에게로 이끌기 위해서(요12:32)' 오셨다. 세례 요한이 말한 대로 예수님은 이전에도 '세상 죄를 지고 가는 하나님의 어린 양(요 1:29)'이셨고 현재도 그런 분이시다. 예수님은 십자가에 흘리신 피로 우리의 죄 값을 치르시고 죽은 자 가운데서 다시 살아나셔서 복음을 세상에 있는 사람들에게 전해주라고 제자들에게 당부하셨다(마28:19-20, 행1:8).

마지막으로 성경의 마지막 책에서 우리는 하나님의 구속 사역이 아름답게 완성되는 그림을 본다. "이 일 후에 내가 보니 각 나라와 족속과 백성과 방언에서 아무도 능히 셀 수 없는 큰 무리가 나와 흰 옷을 입고 손에 종려 가지를 들고 보좌 앞과 어린 양 앞에 서서 큰 소리로 외쳐 이르되 구원하심이 보좌에 앉으신 우리 하나님과 어린 양에게 있도다 하니(계7:9~10)"

그러니 선교가 왜 중요하지 않겠는가? 존 파이퍼 목사는 교회의 목적이 선교가 아니고 예배라고 하면서 이렇게 덧붙인다. '선교가 있어야 하는 이유는 예배가 없기 때문이다.' 하나님이 예배 받으셔야 하기 때문에 선교가 중요하다. 많은 사람들이 그분을 예배하지 않고 주어진 생명을 낭비하고 있기 때문에 선교를 해야 한다.

또 하나님이 우리를 당신의 백성으로 부르시고 성령으로 충만하게 하셔서 세상에 나가 복음을 전하라고 하셨기 때문에 선교를 해야 하는 것이다.

# 세상의 상태

**어떻게** 모든 족속으로 제자를 삼아야 할지를 보기 전에 세계 속에 있는 기독교의 상태를 간단히 살펴보는 것이 좋을 것이다. 세상을 종족 별로 보는 것이 오늘날 선교의 추세이다.

여호수아 프로젝트 같은 기관이 이 분야를 포괄적으로 연구했다. 그들이 찾아낸 바는,

- 전 세계에는 69억 가량의 인구가 16,350 종족으로 나뉘어 살고 있다. (2010년 기준)
- 대략 22억이 어떤 형태이든 '기독교인'으로 분류된다.
  세계 기독교 동향 개괄 퍼스펙티브(Perspectives on the World Christian Movement)는 세계적으로 활동적인 기독교인이 680만 명이라고 추정한다.
- 다른 20억 정도는 복음이 '전해진' 곳에 살고 있는 비신자이다.
- 나머지 28억 4천여 명이 '미전도 지역'에 살고 있는 셈이다.
  그들은 대부분 적도 북쪽으로 북위 10도에서 40도에 분포한 아시아와 아프리카의 '10/40 창'이다.
  '미전도 그룹'이라고 하는 것은 이 그룹의 나머지 사람들에게 복음을 전할 수 있는 기독교 인구가 없는 그룹이라는 의미이다.

# 나쁜 소식

많은 사람들에게 기독교는 아직도 '서양의 종교'이며 식민지 시대 서양의 제국주의와 연관되어 있는 종교이다. 그러나 예수 그리스도는 세상을 위해 죽으셨다. 모든 민족과 방언과 나라에 있는 사람들이 그분을 알고 그분의 이름에 합당한 영광을 돌리게 하려고 죽으셨다.

그런데 대부분의 지역에 사는 사람들은 이러한 일을 모른다. 이것은 슬픈 일이다. 동아시아에 20억 이상 되는 주민 중 95%가 그리스도를 모른다.

태국, 일본, 티벳 같은 나라는 불교가 장악하고 있고 동아시아의 다른 나라인 인도네시아, 말레이시아, 브루네이와 서부 중국 일부는 이슬람이 득세하고 있다. 정령 숭배, 다신교, 도교, 무신론도 그 추종자가 수없이 많다.

중동은 이슬람을 믿고 있는데 복음을 전하려는 시도를 그 근원부터 차단한다. 아프리카는 선교사들이 오랫동안 관심을 기울이고 있는 대륙인데 계속되는 전쟁으로 황폐한 가운데 에이즈가 퍼지고 있다. 정령 숭배와 다신교 그리고 이슬람이 많은 사람의 마음과 정신을 차단시키고 있다.

역사적으로 기독교의 심장 지대였던 유럽은 세속 문화의

먹이로 전락하는 중이다. 기독교를 과거의 유물로 여기고 대신에 물질주의와 무신론이 자리를 잡고 있다. 북미도 신속히 그들을 따르고 있다. 남미는 민속 천주교 의식과 부족 정령 숭배가 남아 있다.

## 일하시는 하나님

그런데 좋은 소식이 있다. 하나님은 세상에서 지금도 일하고 계신다. 어떤 곳에서는 그리스도의 복음이 큰 힘을 받아 교회들이 성장하고 있다. 브라질, 나이지리아, 케냐, 중국은 복음적인 교회 운동이 상대적으로 최근의 일이기는 해도 힘차게 일어나고 있다. 필립 젠킨스가 그의 저서 『다음 세대의 기독교: 글로벌 기독교의 도래』에서 언급한 것처럼 기독교의 성장이 아프리카, 아시아, 남미 대륙으로 번져가고 있다. 젠킨스는 케냐 학자인 존 음비티를 인용하여 '우주적인 교회의 중심이 이제는 더 이상 제네바, 로마, 아테네, 파리, 런던, 뉴욕이 아니라 킨샤사(콩고), 부에노스아이레스(아르헨티나), 아디스아바바(에티오피아), 그리고 마닐라(필리핀)가 되었다.' 세계에서 들려오는 통계의 예를 보면 격려가 된다.

- 지난 세기 동안 아프리카의 기독교 인구는 1900년 천만 명에서 2010년 35천만 명 가까이 성장했다.
- 중국의 기독교인 수는 1949년 백만 명 정도였는데 오늘날은 1억 가까이 되었을 것이다. 어떤 전문가는 이것이 '아마도 오순절 이래로 가장 괄목할 만한 교회 성장'이라고 했다.
- 네팔에서 지난 20년 간 이전에 힌두교를 믿던 사람 10만 명 이상이 그리스도께로 돌아왔다.
- 1900년 한국은 '도무지 알 수 없는 나라'라고 했다. 오늘날 30%가 기독교인이고 남한은 주요 선교사 파송 국가이다.
- 2010년까지 브라질, 과테말라, 온두라스, 그리고 엘살바도르 국민 대다수가 복음적인 기독교인이 될 것이다.

그러나 아직도 할 일이 많이 남아 있다. 그래도 40억 이상의 불신자와 6,600이상의 미전도 종족에게 복음 전하는 부담이 전부 우리만의 짐이 아닌 것이 감사하다. 우리 주님은 "내가 세상 끝날까지 너희와 항상 함께 있으리라(마28:20)."고 하셨다. 이 거대한 과업은 전능하시고 주권을 가지고 다스리시며 사랑이 많으신 우주의 하나님과 함께 하는 일인 것이다. 그래서 그분이 영광을 받으실 것이다.

# 선교의 실제 6가지

**지금까지** 이 글을 읽고 있다면 여러분은 아마도 최소한 선교에 대해서 관심은 생겼을 것이다. 하나님께서 당신의 백성에게 '가서 모든 민족을 제자로 삼아라'고 하신 것과 또 현재 세상은 하나님께서 그 이름에 합당하게 마땅히 받으셔야 하는 영광을 받지 못하고 계시다는 사실을 여러분은 알고 있다. 이제 문제는 그것에 대해서 여러분이 무엇을 할 수 있느냐는 것이다.

우리가 주님과 동행하는 그리스도인이라면 그분의 목소리에 귀를 기울이고 그분의 인도를 따라야 한다. 어쩌면 하나님께서 당신에게 선교사가 되어 몽골이나 모로코, 혹은 세상의 다른 미전도 종족에게 가라고 하실 수도 있다. 그러한 부르심을 들었으면 그 길로 가기를 당부한다. 그러나 아마 가진 것을 모두 싸서 지구 반대편으로 떠나는 일이 현재는 그다지 옳은 것 같지 않게 느껴질지 모르겠다. 하나님께서 당신에게는 먼 곳에 가서 선교사가 되는 일이 아니고 무언가 다른 일을 계획하셨을 수도 있다. 그런 경우는 어떻게 할 것인가?

어떻게 가지 않으면서 하나님께서 세상에서 하고 계시는 일에 동참할 수 있겠는가?

우리가 할 수 있는 일은 많다. 이미 언급한 대로 세상에는 믿지 않는 사람들이 40억 이상이 있고 미전도 종족이 6,000그룹 이상이나 있다. 우리가 어떻게 이들에게 다가갈 수 있을까? 하나님께서는 주권적으로 그리스도의 몸인 교회를 세워 그 지체들로 하여금 그 일을 완성하도록 하셨다. 모든 사람이 선교지로 갈 수는 없다. 그러나 이 수십억 명에게 다가가기 위해서 그리스도의 모든 지체는 어떻게 그 임무를 완수할 것인지에 대해서 알 필요가 있다.

OMF에서 사용하는 '선교의 6가지 실천 방법(6 Practices of Mission)'이라는 용어가 있다. 그것은 사람들이 하나님의 사역에 참여할 수 있는 여섯 가지 방법을 제시하는 것이다. 그것은 '가기, 기도하기, 보내기, 동원하기, 환영하기, 배우기'이다. 이것은 새로운 생각은 아니다. 다른 기관이나 선교 관심자들에게도 비슷한 목록이 있다. 어떤 사람은 '주거나 가거나 기도하라'고 권유한다. 클로드 힉만은 트래블링 팀의 부대표인데 그의 저서인 「목적 있는 삶을 살기(Live life on Purpose)」에서 세계를 품은 기독교인의 '다섯 가지 습관'을 '가기, 기도하기, 보내기, 환영하기, 동원하기'로 요약했다.

# 가기

> "오직 성령이 너희에게 임하시면 너희가 권능을 받고
> 예루살렘과 온 유대와 사마리아와 땅 끝까지 이르러
> 내 증인이 되리라."
>
> 예수님, 행 1:8

**선교사!** 이 단어를 보면 어떤 이미지가 떠오르는가? 궁벽한 부족민 초막집에 살면서 새벽까지 성경을 번역하다가 결국 순교를 당하거나 열병으로 죽는 것을 연상할지도 모르겠다.

겁이 나지 않는가? 그러나 사실 선교사들은 대부분 위에 묘사한 장면처럼 살고 있지는 않다. 그런데 많은 신자들은 다른  나라에 가서 다른 언어를 배우고 복음을 전하는 것을 좀 과격한 일이고 지나친 일이라고 생각한다. '특별하게 우수한 기독교인'이나 하는 일이라는 것이다.

최소한 세상적 관점으로 볼 때, 선교사로 사는 일은 위험부담이 높고 쉽게 수긍

이 가지 않는 것이 사실이다. 선교사로 나가게 되면 이제껏 익숙했던 삶, 아마도 안락하고 상대적으로 편안했던 삶을 포기하고 새로운 문화에 들어가서 살아야 한다. 다른 언어를 쓰고 다른 음식을 먹으며 일반적으로 생활수준이 훨씬 낮은 사람들 사이에서 살게 된다. 위험할 수도 있고 병과 폭력과 자연 재앙이 있을 수도 있다. 쉬운 삶이 아니다.

그런데 여러분은 아주 많은 타문화 사역자들이 자기들이 경험한 것에 대해서 열정적으로 이야기하면서 그것을 더 편안한 본국의 삶과 결코 바꾸지 않을 것이라고 하는 것을 보지 않았는가?

이것은 역설적으로 들린다. 그러나 아마도 선교사들은 외부 환경에 좌우되지 않는 기쁨을 발견했을 것이다. 그들은 하나님과 함께 동역자로서 대 위임 명령을 따르면서 예수님께서 자기를 부인하고 복음을 위해서 자신의 생명을 버리면서 당신을 따르는 자들에게 주시는 '풍성한 삶'을 발견했을 것이다.

장기 선교사로 부르심을 받지 않았더라도 단기로 선교 여행을 할 수 있다. 미국인들은 매년 50만 명씩이나 단기 선교여행을 나간다. 그러한 단기여행을 통해서 주께 더욱 깊이 헌신하게 되고 장기 선교에도 관여하게 된다.

하나님께서 당신을 가는 자(goer)로 부르고 계시는가?

두려워 말라. 축복 받은 것이다. 기꺼이 가려는 사람이 없으면 선교가 중단될 것이다. 21세기에는 다양한 형태의 선교사가 있다. 영어 교사, 언어 배우는 학생, 의사, 기술자, 물리치료사, 농업 상담가 등 수없이 많은 종류의 선교사가 있다.

기본적으로 당신이 할 수 있는 일이 무엇이든지 그것을 가지고 선교지에서 섬길 수 있다. 그리고 아마도 초막에서 살게 되는 경우는 드물 것이다.

## 가기

- 장기 선교사로 나가라.
- 삶의 후반부를 하나님께 드리라.
  40대나 50대는 자기의 전문직을 가지고 선교지에서 지낼 수 있다.
- 2~3년 기한으로 나가라.
  대부분의 선교 기관에는 '중기' 선교사 제도가 있다.
- 선교 단체나 교회에서 동아시아나 세계의 다른 지역으로 가는 단기선교 여행에 참여하라.
- 당신의 직업을 이용하여 '자비량'으로 다른 나라로 나가서 복음을 전하라.

# 보내기

보내심을 받지 아니하였으면 어찌 전파하리요

바울, 롬 10:15

**사도 바울** 시대 이래로 선교사들은 그저 간 것이 아니다. 그들을 보낸 사람들이 있었다. 그들을 지원하고 격려한 하나님의 사람들이 있었다. 불행하게도 많은 성도들이 대 위임 명령에 포함되어 있는 이 부분을 간과한다. 트래블링 팀은 미국에서 선교 동원 사역을 하는 단체인데 다음과 같은 발표를 했다.

- 미국 교회 헌금의 95%가 본국 사역에 쓰이고 4.5%가 이미 복음이 들어간 곳의 선교 사역을 위해 쓰이며 미전도 종족 사역을 위해서는 0.5%를 사용한다.
- 전 세계의 교회 헌금은 12조 3천만 달러이다. 그 중 1%만이 복음화 되지 않은 곳을 위한 사역에 쓰인다.

세계에 있는 미전도 종족을 위해서 사역할 수 있는 돈과 교회는 충분히 있다. 갈 수 없는 사람들이나 나가는 선교사로 부르심을 받지 않은 사람들에게, 보내는 일은 하나님께서 세상에서 하시는 일에 참여하는 중요한 방법이다.

보내는 일을 둘러싼 오해가 몇 가지 있다. 우선 부자나 보내는 역할을 할 수 있다고 생각하는 사람이 있다. 이것은 맞는 말이 아니다. 고린도 후서 8장에서 바울은 마게도니아 교회가 박해와 가난 속에서 넘치는 헌금을 하였다고 칭찬한다.

"환난의 많은 시련 가운데서 그들의 넘치는 기쁨과 극심한 가난이 그들의 풍성한 연보를 넘치도록 하게 하였느니라. ⋯ 그들이 힘대로 할 뿐 아니라 힘에 지나도록 자원하여(고후 8:2~3)"

아주 가난한 사람들이 가장 많이 드릴 때가 있다. 선교사들은 가끔 자기를 재정적으로 후원하는 사람들을 보고 놀라는 때가 있다. 드릴 것이 그리 많아 보이지 않는 사람이 헌금을 가장 잘 하고 있을 때가 있다.

두 번째 오해는 보내는 일에 필요한 것은 돈이 전부라는 생각이다. 보낸다는 것은 가야할 사람이 가서 효과적으로 섬길 수 있도록 하는 일이다. 돈 외의 다른 자원을 가지고도 선교사가 사역할 수 있도록 지원할 수 있다. 보내는 일을 통하여 창조적으로 선교에 참여할 수 있다.

**보내기**

- 재정적으로 선교사의 개인적인 필요를 채워주라.
- 선교지 사역을 위하여 재정을 지원하라.
- 선교 단체의 의사소통 계획을 지원하라.
- 선교사가 선교지에 가 있는 동안 그들의 짐을 맡아 줄 곳을 제공하라.
- 선교사가 안식년으로 왔을 때 차를 제공하라.
- 안식년 선교사에게 머물 집을 제공하라.
- 안식년 선교사가 휴가를 즐길 수 있도록 도와주라. (해변 집, 별장 등)
- 선교지에 편지를 보내어 선교사들을 격려하라.

# 3 *Pray*

# 기도하기

"또한 우리를 위하여 기도하되
하나님이 전도할 문을 우리에게 열어 주사
그리스도의 비밀을 말하게 하시기를 구하라."

바울, 골 4:3

"본국 성도들도 실제로 선교지에 있는 선교사들 이상으로 해외 선교를 할 수 있습니다. 제가 믿기에 본국 성도의 열심 있는 기도로 인해 얼마나 많은 해외 선교가 이루어졌는지는 마지막 날이 되어서야 알게 될 것입니다."

J. O. 프레이저, 리수족 개척 선교사

**기도**는 그리스도인의 영적 무기고에 있는 강력한 무기이다. 하나님은 기도를 들으시고 응답하신다. 그런데 선교 사역에 있어서 왜 어떤 때는 기도가 사소한 것으로 여겨지는가? 또는 왜 성도들은 자기들은 선교사를 위해서 그저 '기도' 밖에 할 수 없다고 하는가, 마치 기도가 그리 중요하지 않은 일인 것처럼? 하나님께서 세상에서 하시는 일을 위해 기도하는 일은 결코

쉬운 일이 아니다. 선교사들이 잃은 영혼에게 다가가 만날 수 있도록 계속해서 싸우며 중보하는 일이다. 그것은 참된 사역이다.

J. O. 프레이저는 이것을 잘 알았다. 프레이저는 20세기 전반부에 중국내지선교회(CIM, 현 OMF) 선교사였다. 그는 몇 십 년 간 리수족 가운데 살면서 사역하였다. 리수족은 중국 남서부 깊은 산 속에서 다신교를 믿는 부족이었다. 프레이저는 그들을 사랑했는데 몇 년이 지나도록 믿는 자가 거의 없었다. 그래서 어느 날 영국에 있는 어머니께 편지해서 기도 그룹을 만들어 달라고 부탁했다. 프레이저는 리수 사람들을 위해서 어떻게 기도해야 할지 최신 소식을 계속해서 편지로 보냈고 그들은 정기적으로 오는 편지 내용에 따라서 힘써 기도했다. 드디어, 그룹의 기도와 인내를 가지고 하던 프레이저의 사역의 결과로 영적 돌파가 일어났다. 프레이저가 마을에서 마을로 다닐 때 리수 사람들이 다가와 어떻게 하면 그리스도를 알 수 있겠느냐고 질문했다. 하나님은 놀랍게 그 부족을 변화시키셨다. 오늘날 리수족은 40% 이상이 기독교인이고 미전도 종족이 그리스도께로 돌아온 현대판 성공 사례이다. 그 모든 것이 기도의 응답으로 일어난 일이다. 프레이저는 위의 인용 글이

사실인 것을 경험을 통해 알고 있었다.

모든 선교사와 타문화 사역자에게 신실한 기도의 용사가 더욱 많이 필요하다. 그 누군가의 말처럼 '역사는 중보자에게 달려 있다.' 기도를 통하여 하나님의 구속 사역에 영원한 영향을 주는 일에 동참하라.

## 기도하기

- 선교사의 기도 편지를 받겠다고 신청하고 그들을 위해 규칙적으로 기도하라.
- 교회 성도들이나 친구들과 선교를 위한 기도 그룹을 시작하라.
- 각 선교지에서 나오는 30일 기도 안내서를 따라서 기도하라.
- 신문의 큰 제목을 기도하는 마음으로 읽으라.
- 선교사의 이메일 기도 체인에 동참하라.
- OMF의 선교사 기도노트나 동아시아 기도, 또는 GCM(글로벌 차이니즈 미니스트리)을 신청하여 기도하라.
- 선교사에게 실제로 전화를 걸어서 기도하라.
- 패트릭 존스턴이 쓴 세계기도정보(Operation World, 죠이선 교회 간)를 구해서 날마다 다른 나라를 위해서 기도하라.

# 환영하기

Welcome 4

"너희는 나그네를 사랑하라.
전에 너희도 애굽 땅에서 나그네 되었음이니라."

신명기 10:19

**과학기술**의 발달로 인해 세계가 얼마나 좁아졌는지 모른다.
다른 나라로 가려면 배를 타고 몇 달 걸리던 시절은 오래 전에
지나갔다. 21세기에 여러분은 사람이 북적대는 맨해튼 거리
에서 중국 시골 변방으로 24시간 이내에 갈 수 있다.

미국은 세계인이 몰려드는 이민자의 나라였다. 19세기에
서 20세기 초에는 주로 유럽 이민자의 유입이 많았다. 그러
나 오늘날은 아주 다양한 국적의 사람들이 북미에 여행 와서
정착을 한다. 평균적으로 매년 2,200만 명의 외국인이 미국
을 방문한다. 구체적인 선교의 행동으로 '환영하기'란 본국에
오는 외국인을 위한 사역을 말한다. 다양한 경로를 통해서 세
계가 우리에게 다가오고 있다. 우리가 사는 곳에 와있는 외국
인의 존재는 복음을 나누고 그리스도의 사랑을 보이기에 아주

황금 같은 기회이다. '미전도' 지역에서 온 사람이 바로 이웃에 살고 있는 것이다. 미국에는 50만 명 이상의 외국인 유학생이 있다. 대부분 대학원생으로 자기나라로 돌아가면 장래의 지도자가 된다. 현재 세계적으로 국가의 수장(首長) 220명이 미국에서 유학한 사람들인데 이는 전체의 40%이다. 그러한 사람들 중 국제적인 인물로 전 UN 사무총장이던 코피 아난, 멕시코 대통령인 빈센트 폭스, 요르단 대통령인 킹 압둘라 2세가 있다. 디아스포라 사역을 통해서 우리 세계에 전략적인 기독교적 영향력을 줄 수 있다. 한 중국 관리가 최근에 서양 전문인에게 이렇게 말했다.

"우리는 아주 우수한 학생을 수천 명씩 해외로 보내어 당신들 보호에 맡기고 있다. 그들은 참으로 중국의 보물들이다."

이들 중 많은 학생들이 기독교에 관심을 가지고 있다. 특히 중국 본토인들이 복음에 가장 높은 호응을 보였다.

일본인도 마찬가지이다. 매년 1,600명 이상의 일본인이 새롭게 기독교인이 되어 본국으로 돌아간다.

이처럼 미전도 종족이 서양에서 그

리스도를 소개받는 경우가 매우 많다.

보통 다른 나라에 가서 외국인으로 사는 것은 어려운 일이다. 외로움, 문화 충격, 향수병 등과 같은 희생이 따른다. 미국에 공부하러 와서 한 번도 미국 가정에 들어가 보지 않은 유학생이 80%나 된다. 기독교 가정에서조차 그런 유학생을 초대하는 경우가 드물다. 슬픈 일이다. 하나님께서 깊이 사랑하시는 이 사람들을 환영하여 그리스도의 사랑을 보여주라.

### 환영하기

- 유학생들을 위하여 성경 모임을 시작하라.
- 외국인 명절 행사 등에 가서 외국인을 만나라.
  (예, 중국 음력 설, 일본 봄 축제, 추석 등)
- 유학생 사역을 주로 하는 국제 학생 단체(ISF)와 같은 기관과 파트너가 되어 협력하라.
- 외국인을 친구로 삼으라.
- 교회에서 외국인에게 영어반이나 한글반을 만들어 가르치라.
- 외국인이 짐을 무겁게 들고 와야 할 때 차를 태워주라.
  (장보기 등)
- 당신이 사는 지역이 익숙하지 않은 외국인을 위해서 '동네 안내'를 해주라. 그들에게 주변의 명소들을 관광시켜주라.

# 동원하기

"누군가 모이라고 소리 내어 불러야 한다.
동원가들은 다른 성도들이 땅 끝까지 가는 일에
적극적인 관심을 갖도록 노력한다.
그들은 보내는 사람, 지역 교회, 보내는 기관과 선교지의 선교사들
사이에서 조정자의 역할을 한다.
동원가들은 꼭 필요한 사람들이다."

필 마셜, 선교사, 작가, 동원가

**한 사람**이 선교사나 보내는 사람, 아니면 환영하는 사람, 또는 선교를 위한 기도 동역자가 되기 전에 그가 그런 일을 하도록 동원하는 사람이 있어야 한다. 그들을 교육하고 상황을 깨닫게 하며 동기를 부여하여 참여하는 자리에까지 가게 하는 사람이 있어야 한다.

일반적으로 동원은 선교의 사슬에서 첫 번째 끼우는 연결고리이다. '동원'이라는 말에는 군사적인 의미가 함축되어 있다.

사전에서 맨 처음 나오는 동원의 정의는 '전쟁을 위해서, 아니면 마치 전쟁과 같은 일에 사람을 모아서 준비시키거나 행동을 취하게 하는 일'이다.

우리는 제 2차 세계 대전을 통해서 가장 좋은 동원의 예를 볼 수 있다. 진주만 폭격 이후에 미국인들은 많은 군인을 동원해야 했다. 이로 인해 미국 인구 중에 1%가 유럽과 동아시아의 전선으로 갔다. 그렇지만 수백만 명도 더 되는 사람들이 후방에서 '끈을 놓지 않고' 있었다. 사람들은 전쟁 채권을 사서 자금을 지원했다. 포드 자동차 회사와 같은 기업은 일부 라인을 전환해서 지프차와 B-24폭격기와 같은 전쟁 물자를 생산해냈다. 각 가정 마다 음식 소비를 줄이고 더 큰 목적을 위해서 희생하는 삶을 살았다. 우리 모두 잘 알다시피 사람과 물자가 거대하게 동원된 결과로 전쟁에서 크게 승리하였다.

기독교 교회도 땅 끝까지 복음을 전하기 위해서 동원이 되어야 한다. 현재까지 상태로는 그렇지 못하다. 누군가가 - 동원가가 - '불을 붙여서' 하나님의 백성들로 하여금 행동을 하도록 해야 한다. 이렇게 하면 성령님의 일에 동역하는 것이 된다. 성령님은 최고의 '동원가'로서 하나님의 세계적인 구속 사역에 동참하라고 격려하고 계시다.

동원하는 과정은 지루할 때가 많다. 그저 필요를 알리고 사람들을 행동하도록 부르는 것으로 끝나지 않는다. 전체 과정을 통해서 그 사람들을 보는 것이다. 랄프 윈터 박사는 미국 세계 선교 센터의 창시자인데 '선교사가 되겠다고 결정'한 사람들 중에서 1/100만이 실제 선교 사역에 종사하게 되는 것 같다고 추측한다. 그러므로 동원가들은 제자 훈련을 하고 멘토가 되어주며 하나님께서 감동시키신 사람들을 지지해 주도록 부르심을 받은 것이다.

그것은 대단히 중요한 역할이다. 다른 헌신처럼 동원도 여러 형태를 지닌다. 예를 들어 이 책도 동원을 위한 수단이다. 관계성은 동원을 이루는 중요한 부분이다. 친구나 가족이 선교에 참여하도록 눈을 크게 뜨고 그 방법을 찾아보도록 하라.

## 동원하기

- 교회, 학교, 기독교 공동체에서 선교 강조 주간을 조직하라.
- 교회에 선교 자료를 놓고 상담하는 테이블을 만들라.
- 당신 교회의 목사에게 선교나 해외 봉사에 관련된 비디오를 보여드리라.
- 선교에 초점을 맞춘 주일 학교반이나 소그룹을 만들라.
- 교회에 '미션 퍼스펙티브(PSP)'와 같은 훈련과정을 도입하라.
- 선교 대회에 친구를 초대하여 함께 가라.
- OMF나 다른 선교기관에 협력하라.

# 6 Learn

# 배우기

"배울 수 있는 모든 것을 배우라."

토머스 제퍼슨 대통령이 메리웨더 루이스에게,
1803년 루이스 클락 원정 전에

**이** 소책자에서 이야기하는 6가지 실천 사항 중에서 '배우기'
가 그 모든 것을 떠받치는 분야이다. 각각의 실천 사항에는 배
움이라는 요소가 포함된다.

가는 사람은 자기가 가려는 나라와 종족에 대해서 배워야
한다. 언어와 문화의 미묘한 점까지 배우는 것이다.

보내는 사람은 선교사와 선교 사역에 필요한 것이 무엇인
지 찾아내야 한다. 기도 편지를 읽고 선교지에서 오는 보고서

를 읽는다. 또한 복음을 전하러 간 사람들을 지원하는 창조적인 방법을 배워야 하고 생각해 내야 한다. 그리고 물론 보내는 사람이 배워야 할 것 중에는 자기가 가진 것을 어떻게 하나님의 영광을 위해서 관리하고 사용할 것인지 배워야 한다.

기도 용사들은 선교지 보고서와 기도 편지를 통해서 배운다. 정보 있는 기도가 효과적이다. 선교지의 사역이나 사역 대상을 구체적으로 알면 알수록 더 효과적으로 기도할 수 있다.

환영하는 사람도 가는 사람과 같은 식으로 배움에서 유익을 얻는다. 문화를 배우고 가까이 사는 외국인의 언어를 배우는 것은 그들에게 다가가 복음을 전할 수 있는 훌륭한 다리가 된다. 서양 사람들은 대부분 이 일을 하지 않는다. 외국인과 그의 본국 문화에 대해서 잘 아는 상태에서 이야기를 나누게 되면 호의적인 인상을 줄 수 있다. 동원가들은 세상이 무엇을 필요로 하는가를 늘 알고 있어야 한다.

또한 어떤 방식으로 교회에 그러한 필요를 알릴 수 있을지를 배워야 한다. 이 모든 것을 실천할 때 하나님의 말씀과 성령의 사역에 대해서도 역시 배워야 한다. 하나님은 우리에게 당신의 길을 가르쳐주고 싶어 하신다. 하나님은 우리가 그분을 더 알고 더 깊이 사랑하는 것을 '배우기' 원하신다.

아마도 다른 어떤 실천 사항보다도 선교 관심자들은 책, 웹사이트, 비디오 등 선교의 자원을 사용하는 법을 배워야 한다.

배울 수 있는 자료는 무수히 많지만 여기에 몇 가지 제안을 한다.

- 「세계기도정보(Operation World, 죠이선교회 간)」
- 중국 자료 모음 (OMF에서 구입 가능)
- 미션 퍼스펙티브 – 교재와 강의
- 미전도 종족 정보 – www.joshuaproject.net
- 갈렙 프로젝트(선교 자원 취급 전문 기관)
  – www.calebproject.org
- 신문

우리는 평생 배운다. 이러한 것을 실천하여 세계를 향한 지식과 비전을 넓혀 가기를 바란다.

## 배우기

- 선교사 자서전이나 전기 읽기
- 방송 매체를 통해 세계에서 일어나는 일에 관심을 기울이고 그것을 기도 제목으로 사용하라.
- 퍼스펙티브 코스(PSP)를 들으라.
- 도서관에 가서 관심 있는 나라에 대한 책을 살펴 보라.
- 인터넷을 사용하여 세계의 다른 지역을 조사하라.
- 중국 자료 모음(OMF)과 같은 선교 자료를 사용하라. 갈렙 프로젝트에도 많은 자료가 있다.

# 그래서 어떻게 할 것인가?

"계속 태워야 불이 존재하는 것처럼
교회는 선교로 인해서 존재한다.
태우지 않으면 불은 없다.
선교가 없으면 교회도 없다."

에밀 브루너, 스위스 신학자

"한 번 사는 생명, 곧 지나갈 것이다.
그리스도를 위해서 한 일만이 영원히 남을 것이다."

작자 미상

**아에드**는 태국 북부, 미얀마(버마) 그리고 중국 남부에 사는 샨족 사람이다. 샨족은 믿는 사람이 거의 없어서 600만 명 이상의 인구 중에서 기독교인은 0.3%인 16,000명에 불과하다.

아에드는 가족도 없이 어렵게 살았다. 빚을 지지 않으려고 애를 썼다. 아에드는 고통과 두려움 가운데 평생 살았다. 술을 마셔야 겨우 잠을 잘 수 있었다.

어느 날, 기독교를 믿는 한 소녀가 아에드에게 기독교인인지 불교도인지를 물었다. 그 지역 사람들은 대부분 불교도였다. 아에드가 자기는 아무 것도 믿지 않는다고 하자 소녀는 그를 교회로 초대하였다.

아에드가 교회에 온 날 한 미국 목사가 방문하여 설교를 했다. 통역을 통해서 설교를 듣는데 마음에 감동이 되었다. 그때부터 아에드는 호기심이 생겨서 교회에 정기적으로 나오게 되었다.

아에드는 호주 선교사와 현지 샨 목사에게서 기독교에 대해서 배웠다. 그는 결국 그리스도를 믿었고 예수를 따르는 일에 대가가 따른다는 것도 알게 되었다. 아에드는 돈을 적게 받아도 좋으니 주일에 교회에 가게 해달라고 했다가 해고를 당했다. 그러나 아에드는 주님께 충성스럽게 남아 있었다. 새로 찾은 믿음 안에서 성장했고 태국에서 성경 통신 과정을 하면서 세례를 준비했다. 그는 그리스도 안에서 새 피조물이 되었고 주위 사람들은 그 차이를 알 수 있었다.

아에드의 이야기는 복음의 변화시키는 능력을 잘 보여주는 예이다. 그것은 또한 어떻게 지구 상에 있는 그리스도의 몸이 복음 전파에 기여하는가를 보여주는 예이기도 하다.

아에드가 그리스도께 오기까지 역할을 했던 모든 사람들을 생각해보라. 미국 목사, 호주 선교사는 '가는 사람'이었다. 그들 두 사람은 샨 문화를 배우는 과정을 거쳤을 것이고 장기 선교사인 경우였다면 언어도 배웠을 것이다. 그들은 둘 다 아마도 미국과 호주 본국에 있는 사람들이 기도하고 파송해서 보냈을 것이다. 그들 생애의 한 시점에서 누군가 그들을 동원해서 열방을 섬기고 복음을 전하도록 했을 것이다. 이 모든 사람들 – 가는 사람, 기도하는 사람, 보내는 사람, 그리고 동원가들은 모두 아에드가 그리스도께 돌아왔을 때 영적인 열매를 맺은 것이다. 이것이 교회가 사역할 수 있는 방법이다.

북미에는 교회가 50만 개 이상이 있다. 대부분은 선교적인 생각을 하고 있지 않다. 잠시 상상을 해보자. 이 중에서 반인 25만 개의 교회만이라도 선교하는 교회가 된다면 어떤 일이 벌어질까? 세상에 끼칠 영향을 생각해 보라. 미전도 종족이 복음을 듣고 그리스도께 돌아오고  다시 자기들이 선교사를 보내는 상상을 해보자.

당신은 어디에 속해 있는가? 이 선교의 6가지 실천 방법을 읽고 마음이 움직인 부분이 있는가?

기억하라 – 6가지 중 어느 한 길이 더 '영적'인 것은 아니다. 모든 것이 '영적'이다. 전부 다 필요하다.

**당신은** 어디로 부르심을 받았는가?

어쩌면 한 군데 이상으로 부르심을 받았을 수도 있다. 보내고 기도하라는 부르심일 수도 있다. 아니면 환영하고 동원하는 일일지도 모른다. 아니면 가는 사람일 수도 있다. 일생 중에 여러 가지 다른 모양으로 이 모든 것에 조금씩 참여할 수도 있다.

어떤 경우든 하나님이 우리와 함께 계시고 우리가 사모하며 추구할 놀라운 비전을 주셨다. 모든 종족과 방언과 나라 가운데서 나와 그분 앞에 예배하는 비전(계7:9)을 주셨다.

아에드와 같은 사람들이 세상 저 쪽에는 더욱 많이 있다. 세상 모든 민족이 주를 알기까지 우리가 주님을 신실하게 섬길 수 있기를 소원한다.*

## _omf_

1865년 허드슨 테일러가 창설한 중국 내지 선교회(CIM:China Inland Mission)는 1951년 중국 공산화로 인해 철수하면서 동아시아로 선교지를 확장하고 1964년 명칭을 OMF International로 바꿨다. OMF는 초교파 국제선교단체로 불교, 이슬람, 애니미즘, 샤머니즘 등이 가득한 동아시아에서 각 지역 교회, 복음적인 기독 단체와 연합하여 모든 문화와 종족을 대상으로 예수 그리스도가 구세주이심을 선포하고 있다. 세계 30개국에서 파송된 1,300여명의 OMF 선교사들이 동아시아 18개국의 신속한 복음화를 위해 사역 중이다.

### OMF 사명
동아시아의 신속한 복음화를 통해 하나님을 영화롭게 하는 것이다.

### OMF 목표
하나님의 은혜를 통하여 동아시아의 모든 종족 가운데 성경적 토착교회를 설립하고, 자기종족을 전도하며 타종족의 복음화를 위해 파송되는 것을 목표로 한다.

### OMF 사역 중점
우리는 미전도 종족을 찾아간다.
우리는 소외된 사람들에게 관심을 갖는다.
우리는 복음을 전하는 일에 주력한다.
우리는 현지 지역교회와 더불어 일한다.
우리는 국제적인 팀을 이루어 사역한다.

**OMF International-Korea**
한국본부 • (137-828) 서울시 서초구 방배본동 763-32 호언빌딩 2층
전화 • 02-455-0261,0271/ 팩스 • 02-455-0278
홈페이지 • www.omf.or.kr
이메일 • omfkr@omfmail.com